Uloskirjauksia

Mika Seppälä

Uloskirjauksia

ajatuksia

Kustantaja: BoD - Books on Demand, Helsinki, Suomi

Valmistaja: BoD - Books on Demand, Norderstedt, Saksa

ISBN: 978-952-33-0591-5

I

oli edessä
kohokohta,
lausujan katse kostui

pian aloitti juhlarunon –
vaivihkaa vilkaisi
millä riveillä yleisö
istui

kun merkitsen tämän,
en haluaisi jättää sanoja kesken
toisin kuin talvella joessa on jää,
joka haluaisi allaan virtaavan veden
olla kuten se –
liikkumaton

minä voisin pysähtyä tähän
noin vain

jäisikö huoneisiini kohta,
jossa en ole hengittänyt,
vaikka minulla on ollut siihen aikaa
elämä

mykkyys muovaa sanoja
hartaudessani

ei jokainen oivallus ole
elämää suurempi asia,
eikä metsän tarvitse vastata
samoin kuin sinne huudan

vain jokin hajoaa –
särö on jään ensi risahdus tai rikkoutuva
linnunmuna

irtoan

kaiken päivän työn jälkeen
luovutan,
tyhjyydessä lienee vain muutama jälki

olen luonut yön enkä voi
muuta kuin kurottautua sitä
kohti,

pyyhin taivasta
ja käsitän pienimmän tähden valon
nähtyäni koko
pimeyden

mitä oli kaikki tämä
rakkaus –

haluaisin vain
valkoisen arkun,
viimeisen hitaan,
ennen kuin laskevat minut
haudan kitaan

on hetkiä,
jolloin en usko tähänastiseen
elämääni

ei ole avainta ulos –

kun luulen että päivä on laessansa,
teen sen myöhässä
laskevan auringon kiilan valaistessa
seinässä kohdan jota ei vielä
pitäisi

en ehdi kerätä huomiseen vapauttani
ja ennen kuin nukahdan,
on ollut jo liian kauan
pimeä

olisi pitänyt kirjoittaa
tämä aikaisemmin

nyt lähden etsimään ajatuksiani,
ehkä eksyn,
mutta sen jälkeen voin löytää
oman hämäräni läpi

muistaa, että synnyin maailmaan
vain pelastaakseni
sieluni

katsoa etäältä elämääni,
vilkaista ja tajuta,
että se oli sitten
siinä

olen kirjoittanut koko päivän,
äsken pyyhin kaiken pois

se kävi niin nopeasti,
kuin olisi illalla vuoteessa
vaipunut uneen ennen kuin on antanut
itselleen luvan
nukahtaa

mitä milloinkaan
olen merkinnyt ylös,
olisin vain halunnut
kirjoittaa kaiken sen,
minkä joka kerta
revin pois

valosta ja kirkkaudesta,
uskosta ja toivosta –
rakkaudesta

koko päivän näitä mietin
vaan ainoa mitä kuulen,
on murtuvien rivien napse

jokaisena iltana
asettuessani levolle,
kuinka uupunut olen,
kun vain olen tuskin jaksanut sanoa
elämälle
kiitos

avaan sälekaihtimet

maailmani on kaistaleet
niiden viilletyissä väleissä

pihavalo haluaisi jo
säikähtää uutta päivää ja sammua,
kun kuollessani minä päätän jäädä kesken
huulillani vallinaiseksi jäänyt lause

rikkonaisia sanoja jotka lentäisivät
sinne tänne

ne voisivat olla lintuja,
ne ovat

on pakko taas aloittaa,
antaa veden murtua sormissani
kun pesen käteni ja kasvoni

lainata eilinen
ja tänäänkin kerrata

yritän ajatella jotakin
tapahtuvaksi,
ei päivä nouse sen vertaa,
jotta voisin kuitata edellisen yön

kuinka irvokas on kaunis muisto,
kun kirjoitan sen ylös –
someen unohtamani päivitys saa peukun
nyt

vuokrasin uuden asunnon

nyt en halua,
sillä yksinäisyydelleni olisi
huone enemmän,
maailma paistaisi useammasta ikkunasta
ja näyttäisi, kuinka paljas olen

en vain mene,
sytytän täällä tupakan ja puhallan –
ei sen savu lennä niin kauas,
etten enää
yletä

vilkaisen ulos

en osaa muuta maisemaa,
kaiken tuttuus valuu ohi
tänäkin päivänä

hetken ajattelen,
että voisin tehdä jotakin,
mutta sen synnytys olisi
huuto

voisin sytyttää kynttilän

pieni liekki olisi valo
ja nämä huoneet onnellinen
koti

tänä yönä
kuu haluaa aloittaa alusta,
luoda niin terävän sirpin
ettei se voi muuta kuin
lävistää

minä huudan jo nyt

joki ei enää laske
vaan virtaa takaisin,
ja sen alkulähde on täynnä kuin
vastasynnyttäneen äidin
rinta

olen auringonlasku,
olen aikuinen

vaikka tiedän että valehtelen,
nyt olen täysin valmis

hymyilen heikosti,
kun ojien pientareilla vuoro vaihtuu,
niin malttamattomina vartovat nousuaan
loppukesän kukat

lapsena en milloinkaan
kävellyt junaa läpi

en uskaltanut loikata
vaunusta toiseen

irtoaisin mille tahansa asemalle
vieraaseen kylään,
jossa ei anneta poskisuudelmia

enkä koskaan ole pelännyt
niin paljon liikkeen loppuvan
janotessani vaihtuvia maisemia

ja tulevat päivät helsingissä
olivat vain unelmia
kauhavalla

osasto jää taakse –
katson maisemaa,
joka ei enää ole kalterien raidoittama,
enkä osaa

horisontti on tiivis
taivaan alla ja metsänrajassa,
painavan kipeä

kaipuuniko sinne jaksaa
ja sanoo poks,
kuin vesilätäkkö
pikku pojan kumisaappaiden alla,
kun se hyppii
ja maailma lentää kaikkialle

ajattelen bussipysäkillä –
on pakko olla vapaa,
tupakansavu sieraimistani eksyy

heti

baarissa
vakioasiakkaat ovat eri järjestyksessä
eri humalassa kuin
eilen

nyt sateen jälkeen
naakat kaivavat maata nurmen alta –

autot menevät vieressä
ja linnut tikkaavat asfaltilla ja ruoholla eivätkä
pelkää

taivas on tänään kauniin sininen
niin kuin tämä aamu olisi vielä
luvannut minullekin
madon

jos tarpeeksi rakastaisin
itseäni

eilinen ei huutaisi
korjauksia,
historiastani puuttuisi
punakynä

on vain pöytä ja tuoli
ja raskas humala

kesäyö joka helvetti ei
pimene

kaikki ne haaveet jotka melkein kirjoitan
ylös

kaiken tyhjyys –
vain oikaista,
oikaista!

tänään on otettava riski,
ainoa vaihtoehto on
baaritiski

kaikkien nähden
maksan juomani kultaharkoin,
kun olen valinnut seurani
tarkoin

on taas syytä juhlia ja nauraa,
on poka helppoa
kauraa

vedän taiten viimeiset hitaat,
ei lie tämä yö henkilökohtainen
onnettomuus

vaikka kuinka vastaan ahkeroin,
jälleen rakastun,
kuin se olisi elämän suurin pakko –
velvollisuus

olen joskus surullinen
olen allapäin useinkin
mutta nyt minä sen kaiken maalaan

baarin hämärässä alkaa viivani
eikä se koskaan rikkoudu

vaan kaartuu kauniisti
kuin tahmea ympyrä viimeisen tuopin
reunoilta

loistaa syöksyen
aamupissan lentona aikaisena kesäaamuna
kun aurinko nousee

sen kimalteesta minun viivani taittuu kaikkialle
missä ovat puut ja pylväät ja uneksiva ruoho

kunnes koko maailma on kankaani
ja siihen minä ensimmäisen
vetoni vedän

ei enää yhtäkään

älä anna minun ottaa sivellintä,
olen liian hauras
enkä enää voi muuta kuin
hukkua kankaaseen ja
kuolla

vajota uneen joka ei enää aloita
tarinoita
ei

unohdin jo valon
mutta se iskeytyy niin kipeästi viereiseen
seinään,
ja minun on pakko
tarttua

haluan itsestäni kuvan

ainoa totuus
on jättää kangas tyhjäksi,
jokainen veto sen karheuteen
lie valhe

sammutan lampun,
en halua valoa nyt

pitäköön yö pimeytensä,
kun valvon ja odotan rauhassa sarastusta,
menen aamulla joen rantaan –
heitän kiven

renkaina minä taas heijastun,
tiedän kaikkien ajatusteni järjestyksen
mutten yhtäkään niistä nimeltä
tunne

ehkä joskus ymmärrän

annan katseeni lävistää pilvisen päivän
ja nähdä auringon

uskallan ottaa askelen
ilman seuraa rinnallani
ihan itsekseni

rakastua silloinkin kun
ei ole sen hetki

pestä kasvoni joskus
itkulla vailla syyllisyyttä

kääntyä jos huvittaa ja vilkaista taaksepäin
ja muistaa koko taipaleeni –
polun josta elämä tykkää

II

laiva on lähdössä,
lentosuukot ryhtyvät

katsommeko vielä
toisiamme silmiin,
kun ne viimein yhtyvät

ajattelen niitä jotka kuolivat
minua ennen
niitä
jotka ylipäänsä kuolevat

meitä

olen sekaisin
kone menee sekaisin
minä en
enää

yritän nähdä yössä kuun
minkä tahansa valon

hiljaa virtaavat muutkin joet kuin
don

(seinäruusun runo)

oion vaatteeni helmaa,
katossa tuikkii tähtitaivas,
on käynnissä yö

kai vielä pääsen tanssiin muiden joukkoon,
missä joku vie,
tuntisin suloisen liikkeen,
rakkauden joka askeleen

korjaisi joku pois,
korjaisi ja lupaisi:
sinut syön –
tulisi ja pokkaisi,
tekisi likaisen työn

miesten haulla,
naisten haulla,
loputtomalla halulla
kävisin minäkin,
en vastaisi yhdellekään
nej

olisin likempänä –
niin liki ja paljon enemmän,
vaikka taas eilen sanoin kaikelle uskolleni
ei

löydän kynän,
taas on lupa kirjoittaa
tunnustuksia

jumalat ovat jälleen kieltämässä
minua

aikani on ollut tuhlausta,
ehkä juuri siksi, että elin
sen kaiken

sinä vedät varovasti sormeasi
ihollani,
pölyyn jää jälki

ei ole muuta hiljaisuutta
kuin nämä kirjaimet

sinä nukut omaa untasi,
minä valvon tässä,
elän meidät molemmat ja pelkään,
kun olemme vain eri huoneissa

katson ulos,
alan korjata näkemääni
ennen kuin ymmärrän,
mitä huomaan

minä olen narulla roikkuva vaate,
tulen yhä raskaammaksi

maisema on kostea
ja taas mietin,
miten jo valmis itkuni ottaa vastaan
vielä tänäänkin taivaalta putoavan
sateen

haluni kirjoittaa sinulle
on puutunut takapuoli,
reistaileva selkä
sekä noidannuoli

itsellenihän minä eväät naputan,
karkuun katalaa arkea
laputan

en minä halua,
että odotukseni on
ajatusten pyhäpuku

kun huomenna kaarrat pihaan,
koko määränpää edessäsi
olisi kohteliaisuus,
kuin vastassa olisi koko mairea
suku

haluan vain,
että ensimmäinen hei
ei ole liian kaunis sana,
rutistus vain kädenanto,
joka sinut takaisin taas vei

ensimmäinen riita se
viimeinen,
läheisyytesi oitis jo
eilinen

lähdettyäsi
loputtomat ja vaikeat
ovat maailman virrat

milloin kastelen huuleni
niiden märkään pintaan
jotta ne koskettavat
elämän veteen

niin minä sinua itken
kuin tuulisena päivänä
osaavat pilvet auringon
eteen

mene vain kotiisi
siellä minun ajatukseni odottavat sinua
tutut ovat huoneesi
ja mitä perillä teet
minä sen tiedän

askeleesi keittiöstä vessaan
ja olohuoneeseen
kuinka sinä nypläät viltin reunaa
istut tai makaat
minä tiedän ikäväsi

minä olen yksin täällä
ja sinä siellä,
kun taas haluamme toisemme
lähdemme reunalta

puolivälin krouvi on aina suljettu
eikä meillä ole koskaan ollut siellä
salaista sopukkaa
ei olisi mitään omaa,
vain varastetut shampoot ja salaa juotu minibaarin
sisältö

mene vain
täälläkin on alkava kesä –
lävistät yhä turpeamman vihreän
enkä minä enää ehdi nähdä

ajelemme,
lähiseudun tuttuus on karannut jo
aikoja sitten muualle

vaihtuvat maisemat,
radiossa kanavat

ohitamme metsänreunan värit,
en edes nähnyt kevään kasvattavan mitään,
mutta minä huomaan syksyllä putoavat lehdet,
lasken jokaisen ja kuulen,
kun ne jysähtävät maahan

jää

valo eksyy pilven takaa kaikkialle,
hiljaisuudestamme tulee piste,
jossa en ole koskaan ennen
ollut

kenties haluat pitää
rakkauden rakkautena,
ihmeen ihmeenä,
kun vain kävelet unelmasi läpi
ja näet liian läheltä sen ikävän,
mikä sinussa
asuu

pitkä on matkasi kuljettavana,
kunnes olet ypöyksin perillä
ja alat vaalia joka hetki kaipuutasi
koko jäljellä olevan elämäsi –

uskoen,
että vain murtuneet siivet lopulta
kantavat

juhannus on ohi

seison asfaltilla ja nuolaisen jäätelöä,
tuijotan lätäkössä pulikoivia lintuja ja mietin,
milloin polttaisin vielä yhden

talvella metsänrajassa
arkana käyvä aurinko oli rikkaus –
minä odotin piteneviä päiviä,
mutta nyt loputon valo on vain
itsestäänselvyys maatessani sohvalla,
kun katson laiskasti vilkkuvaa
palovaroitinta

vielä minä ajattelen nopeammin,
yhä nopeammin,
ja kaikki kipu jää taakse –
sinusta on monta eilistä,
mutta tänään saan meidät valmiiksi

katossa välkkyy punainen valo

minä sytytän ja puhallan
suoraan kohti –
olohuone alkaa huutaa,
ja on taas pakko muistaa

hei vain minä sanon ja
siinäkin on kaksi turhaa sanaa

sinä olit jo mennyt
jokaisesta halkeamasta ja ikkunanraosta
vähän kerrallaan ja olit varma
etten sitä huomaisi

miksi jättää enää hyvästit
kun on kattanut yksin molemmille jo
liian kauan

on hämärää,
uskallanko ruuvata kaihtimia auki
niin paljon kuin maailma ottaa vastaan

missä minä olen
kun olen jossain päin ikävääni matkalla

olisimme kai voineet kulkea
samalla tiellä
muttei koskaan tulla
sillä vastakkain

kuinka usein me vain
törmäsimme toisiimme,
ja kaikki yhteiset muistot
olivat pelkkää kipua

monta vuotta
olen ollut yksin –
nyt haluaisin tarttua käteesi,
mutta älä pelkää,
en halua sinusta mitään,
vain katsoa omaan pelkooni

alkaa uskallus,
alkaa kaiken
kauneus

III

ei tavallisena päivänä kukaan
olisi häntä huomannut

mutta kun hän nyt kuoli
ja sanoi vastaantulijalle hei
ennen lähtöään myöhemmin samana iltana
se oli enne
ja olisi pitänyt tietää
koska hänen sanansa oli kuin aavistus
jota kukaan ei olisi arkena
edes kuullut saati johon
vastannut

nyt kaikki on toisin
kun ihmiset hiljaa puhuvat
vainajan elämän
kuinka yksi vaatimaton moi
oli portti taivaaseen
ja siinä asui ikuisuus

koko kylänraitti on kauttaaltaan
hetken tutkimaton herran tie
ehkä palan matkaa
vielä huomennakin

jumalani –
siksikö lähetit tyköni enkelit,
koska tuskastani myös itsesi satutit,
kaatuessani suljit silmäsi,
sillä itse samalla lipesit

ehkä joskus tajuan,
sehän on sinun rakkautesi,
siinähän se on ain',
ilman sinua kaikkeus
olisi pimeää pimeämpi vain

monena päivänä
olen kadottanut sinut, jumala,
minkä kai loit,
avaruuden, kaikkeuden,
haluan pilvet eteen sen

mitä minä tähdistä näkisin,
en mitään väkisin,
vaikka lapsena uskoa lupasin,
kun äitini rukousta tottelin

kuka tietäisi maailman arvoituksen,
vie luoksesi tai luotasi
ottaessani joka askelen,
josko kuitenkin arvellen,
empien

kenties vielä kerran kädet yhteen liittäisin,
mitä sinulta silloin, jumala, anoisin,
olisiko pakko vain tahtoa,
että elämässäni kaatuisin
ja vain rakkaudestasi
turvaasi nousisin

taivas oli pilvessä,
kylä oli harmaa

ei sana meitä koskenut,
kun ajoimme seura-alueen ohi
jeesuksen kulkiessa väkijoukon seassa
juhlakentälle ja
takaisin

joku pälyili taivaisiin,
joku tiesi määränpään –
jonkun alla askel oli raskas

automme edessä tie
oli koloinen ja musta,
ja niin oli matkamme
pitkä

pitkiä ovat olleet nämä kesäpäivät

minä uskon pimeään vuodenaikaan,

onko minun pakko luottaa aurinkoon,
se kuitenkin aina laskee
ja vie kaiken valon mennessään

myös maailman valkeuden –
kuinka vaikea on silloin pelastus

ihmisyyteni oli pelkkä lapsuus
ja kymmenen tikkua laudalla ja hyvä piilo,

ja elämän tarkoitus:

ehkä aloitan seuraavan rivin
ja soisin itselleni uuden alun,

ehkä vain lopetan
ja pyöräytän pisteen jonnekin
muualle

kesä paljastaa kaiken

joskus joen ylle nouseva usva
on hetken pieni piilo,
kun nouseva aurinko kohoaa jo
ja särkee sen

valon kirkkaudesta maisema on kohta terävä,
kielii kulkijan,
eikä minulla ole paikkaa,
johon paeta

odotan vain talvea,
kuvittelen unelmani sen synkkyyteen ihan viereen
enkä näe,
kun se täyttää toiveen

voin työntää käteni pimeyden sisään ja tarttua,
rakastua sen salaisuuteen –
uskoutua,
se on läpipääsemätön kuin jumala
ja silloin minullekin totta

katson ulos ohjelmaa,
kun mummo menee ikkunan
laidasta laitaan

käykö siihen tuuli,
kuten ilmassa leijuvat
puusta irronneet vihreät lehdet

ei vielä olisi ollut niiden aika,
ei minunkaan
seuratessani kulkijarouvaa

onko minun tieni taivaaseen
vailla vääriä risteyksiä,
taivunko oikealle tai vasemmalle,
vanha nainen ainakin jo

ajatukseni on keveä,
allani tuolilla elämäni raskas
paino

tärkeintä elämässä on
erottaa kuolleet ja
elävät

jos otan nyt särkylääkkeen
mikä minussa enää menee
rikki

juon vain päästäkseni
pinnan alle –

minun maailmani on syvyys,
jokainen sana
onnellinen kala

aamulla varhain
heräilen

on teatteri vielä tyhjä –
sen autiuteen katson
empien

mutta ei huolta:
saa jokainen roolin,
on ohjaaja
iänikuinen

salaa huokaisen,
kun luojaltani kysyn varoen,
mitä sairautta tänään
näyttelen

kun kuolen,
viimeinen toive olisi vähäinen valo,
näkisin hitaasti kahlaavat jalkani

aavistaisin hukkuessani kaikkeen tähän,
kuinka äkkiä järven pinta tyyntyisi
ja levollinen olisi uuden alku

vielä tajuaisin,
että voisin kirjoittaa elämästäni paljon lisää,
se olisi minun rauhani,
jonka itselleni annan –
eräänlainen selitys

se riittäköön